Dhananjay Gujarathi
Kailash Chaudhari

Estudo das propriedades de transporte de películas finas de seleneto de chumbo

Dhananjay Gujarathi
Kailash Chaudhari

Estudo das propriedades de transporte de películas finas de seleneto de chumbo

ScienciaScripts

Imprint

Any brand names and product names mentioned in this book are subject to trademark, brand or patent protection and are trademarks or registered trademarks of their respective holders. The use of brand names, product names, common names, trade names, product descriptions etc. even without a particular marking in this work is in no way to be construed to mean that such names may be regarded as unrestricted in respect of trademark and brand protection legislation and could thus be used by anyone.

Cover image: www.ingimage.com

This book is a translation from the original published under ISBN 978-3-659-85188-9.

Publisher:
Sciencia Scripts
is a trademark of
Dodo Books Indian Ocean Ltd. and OmniScriptum S.R.L publishing group

120 High Road, East Finchley, London, N2 9ED, United Kingdom
Str. Armeneasca 28/1, office 1, Chisinau MD-2012, Republic of Moldova, Europe
Printed at: see last page
ISBN: 978-620-8-35056-7

Copyright © Dhananjay Gujarathi, Kailash Chaudhari
Copyright © 2024 Dodo Books Indian Ocean Ltd. and OmniScriptum S.R.L publishing group

ÍNDICE

Capítulo - 1

Informações existentes sobre películas finas de seleneto de chumbo

Introdução:

Os calcogenetos de chumbo são semicondutores que possuem algumas propriedades estruturais e electrónicas invulgares, como mobilidades de portadores elevadas, constantes dieléctricas elevadas, bem como coeficientes positivos [negativos] de temperatura [pressão] do intervalo de energia [1, 2]. Estes calcogenetos cristalizam na estrutura de rocha e são semicondutores polares. Têm sido considerados como materiais promissores para aplicações tecnológicas no domínio dos dispositivos de infravermelhos [IR], díodos, lasers, conversores termofotovoláteis, nanofios, células solares, eletroluminescência, [3-6]. Foram realizados estudos de difração de raios X a alta pressão sobre as transições de fase estruturais com radiação síncrotron [7] e utilizando o método do potencial linear completo de muffin-tin-orbital [FPLMTO] [8] nestes calcogenetos. A resistividade destes compostos aumenta abruptamente na transição de fase [9-13], à semelhança dos calcogenetos de mercúrio, mas ao contrário da maioria dos outros semicondutores. A potência termoeléctrica das fases de alta pressão destes compostos foi também estudada [14]. A maioria destes compostos foi registada como tendo crescido na forma cristalina. Tentámos sintetizá-los sob a forma de película fina.

A preparação de películas finas com materiais diretos não apresenta qualquer contaminação de impurezas, pelo que o autor utilizou a forma pura de pó de seleneto de chumbo para a sua síntese. Os resultados são descritos de forma elegante no capítulo 2.

O principal objetivo deste capítulo é apresentar informação actualizada da literatura existente sobre o seleneto de chumbo, principalmente no que diz respeito à sua preparação, propriedades estruturais, de transporte e utilizações importantes para servir de orientação para o trabalho descrito nesta dissertação.

1.1 Síntese

Existem vários relatórios sobre as condições de preparação: E pentia [15], H.K.Suchar [16], Fengchen [17], Jiazhu [18], V Damodardas [19], e Jyoti Batra [20] R. S. Patil [21] K.M. Gudave [22]. Os breves pormenores dos procedimentos seguidos pelos diferentes trabalhadores são apresentados no Quadro 1.1.

1.2 Propriedades básicas de transporte dos calcogenetos de chumbo:

Os selenetos de chumbo são semicondutores altamente resistivos. As propriedades eléctricas dos selenetos de chumbo foram estudadas por vários investigadores: FengChen [17], Jia Zhu [18], V. Damodaradas [19], Jyoti Batra [20], F. Pentia [15] e H.K. Sachar [16].

Os dados eléctricos destas películas finas foram, portanto, registados na Tabela 1.2.

Tabela 1.1: Condições de crescimento dos calcogenetos de chumbo

Investigadores				**Método de síntese**	**Parâmetros de crescimento**
PbSe/PbS	**Autores**	**Ano**	**Referência**		
1) PbSe	E.Pentia	2003	15	CBD	PH=11 Temp. do banho = 26^0 C Tempo de depósito - 10 horas.
2) PbSe	H.K. Sachar	1999	16	Epitaxia em fase líquida	Temperatura de nucleação 470^0 C a 650 C^0 Tempo de crescimento - 1 hora. Temperatura do forno= 500^0 C
3) PbSe	Feng Chen	2002	17	Organometálico Litotérmico	Temperatura de crescimento= 180^0 C A síntese foi mantida a 180^0 C durante 10 min.
4) PbSe/PbS	Jia Zhu	2007	18	Mecanismo vapor-líquido-sólido	pressão de evacuação <100 m torr Duração de 5 a 30 minutos. Temp. do forno = 400 C^0
5) PbSe	V. Damodara	1990	19	Evaporação por vácuo	Pressão 10^{-4} a 10^{-5} Torr Temp= 300^0 C a 500 C^0
6) PbS/PbSe	Jyoti Batra	2004	20	CVT	Gama de temperaturas = 810-950^0 C Duração = 240 horas.
7) PbS	R. S. Patil	2006	21	CBD	Temp 300 K pH do banho =9 Tempo de deposição 2-6hrs Espessura da película 150 a 290 nm
8) PbS	K. M. Gadave	1994	22	CBD	Temp 353 K pH do banho =5-6

					duração 1hrs

Tabela 1.2: Dados eléctricos dos selenetos de chumbo.

Composto	Método de síntese	Parâmetros eléctricos	Referências		
			Autores	**Ano**	**Ref.**
1. PbS	CBD	Intervalo de banda = 0,4 a 2,4 eV PbSe - material do tipo P	E. Pentia	2003	15
2 PbSe	Fase LíquidaEpitaxia	bordos de absorção PbSe - material de tipo P	H.K. Sachar	1999	16
3. PbSe	OrganicLyothermal Método	Eg = 42,8 meV. PbSe Material de tipo P Medição TEP	Feng Chen	2002	17
4. PbSe/ PbS	-	Eg = 0,2 a 0,4 eV Gama de resistências 40k Ωa 1M Ω	Jia Zhu	2007	18
5. PbSe	Evaporação por vácuo	Material tipo P Medições TEP	V. Damodara Das	1990	19
6. PbS/ PbSe	CVT	Material tipo P	Jyoti Batra	2004	20
7. PbS	CBD	A resistividade eléctrica é de 10^4 Ωcm TEP Medição Material tipo P	R. S. Patil	2006	21
8.PbS	CBD	A resistividade eléctrica é de 10^5 - 10^6 Ωcm	K.M. Gudave	1994	22

O estudo detalhado realizado pelo autor sobre a medição da potência eléctrica e termoeléctrica é apresentado no Capítulo - 3.

1.3 Objetivo e âmbito dos problemas:

A revisão da informação existente sugere que os selenetos de chumbo possuem muitas aplicações em optoelectrónica e na indústria, bem como a estabilidade térmica da película fina de seleneto de chumbo ainda não é corretamente compreendida e, portanto, o estudo sistemático do comportamento elétrico e termoelétrico da película fina de seleneto de chumbo foi realizado pelo autor.

Referências

1. R. Dalven, in solid state physics, Vol. 28 editado por H. Ehrenreich, F.Seitz, e D.Turnbull

(Academic Press, New York, 1973). P. 179.

2. N. Suzuki, K Sawai e S. Adachi, J. Appl. Phys. 77, (1995) 1249.

3. Jia Zhu, Hailin Peng, Candance K. Chan, Konrad Jarausch, Xiao Feng Z hand e Yi-Chu. xxxx, Vol-2, No.-O, 2007, A-E

4. H. Zogg, A. Fach, J. John, J. Masek, P. Muller, C. Paglino e W.Butter. Opt.Eng.33 (1994) 1440.

5. H. Preier, Appl. Phys. 20, (1979) 189

6. T.K.Chaudhari, Int. J.Energy Res. 16, (1992) 481.

7. T Chattopadhyay, H.G. Von Schnering, W.A.Grosshans e Holzapfel, Physica Btc 139/140, (1986) 356

8. Rajeer Ahuja Phys. Stat. Sol. (b) 235, (2003) 341

9. G.A. Samara e H.G. Drickamer, J.Chem. Phys. 37, (1962) 1159.

10. N.M.Ravindra e V.K. Srivastava. Phys. Stat. Sol. (9) 58, (1980) 311

11. N.B. Brandt, D.V. Gitsu, N.S. Popovich, V.I. Sidorov e S.M. Chudinov. Fiz Tekh. Poluprovodn 10, (1976) 194

12. N.B. Brandt, D.V. Gitsu, N.S. Popvich, V.I. Sidorov e S.M. Chudinov, Pism Zh.Eksp. Teor. Fiz 22, (1975) 225.

13. A.A. Semerchan, N.N. Kuzin, L.N. Drozdova e L.F. Vereschchangin. Dokl. Akod Nouk, Fiz 152, (1963) 1079

14. S.V. Ovsyannikov, V.V. Schennikov, S.Vict. Popova e A. Yu. Dereskov, Phy. Stat. sol (b) 235, (2003) 521.

15. E. Pentia, L.Pintilie, V.Draghicil, M.Lisca BPU-5; 5ª Conferência Geral da União Física dos Balcãs, 25-29 de agosto de 2003, Vrnjacka Banju Sérvia e Montenegro.

16. H.K. Sachar, I Chao, P.J.McCann e X.M. Fang, Journal of Applied Physics, volume 85, número 10, 15 de maio de 1999.

17. Feng Chen, Kevin L, Stokes, Weilie Z hau, Jiye Fang e Christopher B Murray Mat Res. Soc., Symp. Proc Vol. 691, 2002.

18. Jia Zhu, Hailin Peng, Condance K. Chan, Konrad Jarausch, Xiao Feng, Z hang e Yi-Chu, xxxx, Vol-0, No. A-E, 2007.

19. V Damodara Das e K.,Seetharama Bhat J.Mater, Sci Mater, Electron 1, 169 (1990)

20. Jyoti Batra, Naresh Batra, Rajiv Vaidya, S.G. Patel, Procedimentos do DAE, Física do Estado

Sólido, Simpósio (2004) Página 780.

21. R.S. Patil, H.M. Pathan, T.P. Gujar, C.D. Lokhande, J. Matar Sci DOI, 10, 1007/s 10853-006-0098-4.

22. K.M. Gadve, S.A. Jodgudri e C.D. Lokhande Thin Solid Films, 245(1994) 7-9.

Capítulo - 2

Síntese de película fina

Introdução

O vácuo já foi suposto ser matéria do espaço e hoje em dia, simulamo-lo no nosso laboratório. O vácuo torna possível o fabrico de dispositivos electrónicos como díodos, transístores, condensadores, resistências e outros. A preparação de películas finas é uma vantagem muito útil. Foram exploradas milhares de aplicações que utilizam as películas finas.

As películas sólidas finas foram provavelmente obtidas pela primeira vez por eletrólise em 1838. Bunsen e Grove obtiveram películas metálicas em 1852 por reação química. Farday obteve películas metálicas em 1857 por evaporação térmica [1], quando fez explodir fios de material em atmosfera inerte. Outras experiências no século XIX foram estimuladas pelo interesse nos fenómenos ópticos, associados a camadas finas de materiais e pela investigação da cinética e difusão de gases. A possibilidade de depositar películas metálicas finas no vácuo através do aquecimento por efeito de Joule de fios de platina foi descoberta em 1887 por Nahrwold [2] e, um ano mais tarde, adaptada por Kundt [3] para medir os índices de refração de películas metálicas.

Outras propriedades de transporte de electrões de materiais sob a forma de películas finas foram investigadas por Moser [4] em 1891.

O autor selecionou técnicas de deposição térmica para a deposição de compostos. As películas finas podem ser preparadas a partir de uma grande variedade de materiais, tais como metais, semicondutores, isoladores ou dieléctricos, etc., e para este efeito foram também desenvolvidas várias técnicas de preparação. Estão também a ser desenvolvidos novos métodos para melhorar a qualidade dos depósitos com o máximo de propriedades reprodutíveis e uma variação mínima na sua composição. **Técnicas:**

a) Deposição térmica em Vacuo por aquecimento resistivo, evaporação por canhão de feixe de electrões ou canhão de laser, etc., a partir de fontes adequadas.

b) Sputterização de materiais catódicos na presença de gases inertes ou activos, a baixa ou média pressão.

c) Deposição química de vapor (CVD) por pirólise, dissociações, reação em fase de vapor.

d) Deposição química a partir de soluções, incluindo a eletrodeposição, a oxidação anódica, a galvanoplastia, o deslocamento químico, a reação química, etc. O requisito principal para os métodos a) e b) é um sistema de deposição de alto vácuo a uma pressão de cerca de 10^{-5} torr ou mesmo inferior. Nos métodos c) e d), o alto vácuo não é uma condição essencial, uma vez que o processo c) é por vezes efectuado a uma pressão ligeiramente inferior ou superior à pressão ambiente, de modo a manter um bom fluxo de espécies gasosas através do sistema.

Deposição térmica:

Isto envolve a evaporação ou sublimação do material por energia térmica e permite que o fluxo de vapor da carga se condense num substrato de modo a formar um depósito contínuo e aderente com a espessura desejada. A qualidade e as caraterísticas do depósito dependem da taxa de deposição, da temperatura do substrato, da pressão ambiente, etc., e a uniformidade da película depende de vários factores, entre os quais a geometria da fonte evaporada e a sua distância do substrato.

O objetivo deste capítulo é, portanto, fornecer informações actualizadas sobre a técnica de deposição térmica adoptada pelo autor.

2.1 técnicas de evaporação:

A evaporação térmica pode ser obtida direta ou indiretamente através de uma variedade de métodos físicos. Apresentam-se de seguida algumas variantes,

1] **Aquecimento resistivo** - Este método consiste em aquecer o material com um filamento ou barco aquecido resistivamente. O filamento ou barco é geralmente constituído por metais refractários como o W, Mo. Ta e Nb. Os cadinhos de quartzo, grafite, alumina e zircónio são utilizados com aquecimento indireto. A escolha do material de suporte é determinada principalmente pela temperatura de evaporação e pela resistência à formação de ligas e/ou à reação química com o evaporante. A maioria dos materiais não apresenta qualquer problema com a evaporação a partir de um suporte adequado. Se um material tiver uma pressão de vapor suficientemente elevada antes de ocorrer a fusão, sublimará e o vapor condensado formará a película. As taxas de sublimação para a maioria dos materiais são pequenas. Por isso, este método não tem uma aplicação generalizada.

2] **Evaporação instantânea** - Uma evaporação rápida de uma liga ou composto multicomponente, que tende a destilar fraccionariamente, pode ser obtida através da queda contínua de partículas finas do material sobre uma superfície quente, de modo a que ocorram numerosas evaporações discretas. O pó fino é introduzido num recipiente Ta ou IR aquecido por agitação mecânica ou ultra-sónica da calha de alimentação. O método é amplamente utilizado para a preparação de películas de compostos III-V, cermats, etc.

3] **Evaporação por arco** - Ao fazer um arco entre dois eléctrodos de um material condutor, podem ser geradas temperaturas suficientemente elevadas. A temperatura é muito elevada, pelo que os materiais refractários, como o Nb e o Ta, também podem ser evaporados. Este método utiliza um gerador de soldadura por arco elétrico normalizado ligado aos eléctrodos com um condensador através do elétrodo. O método é amplamente utilizado para a evaporação de carbono para amostras de microscópio eletrónico.

4] **Técnica do fio explosivo** - Esta técnica consiste em explodir um fio através de um aquecimento resistivo súbito do fio com uma alta densidade de corrente transitória próxima de 10^6 A/cm². . Isto é conseguido através da descarga de um banco de condensadores carregados com tensões de 1 a 10 KV, através de um fio material. Ocorre a vaporização do fio numa determinada região.

5] **Evaporação a laser** - A enorme intensidade de um laser pode ser utilizada para aquecer e vaporizar materiais. A fonte de laser é mantida fora do sistema de vácuo. O feixe de laser é focado na superfície do material a ser evaporado. A profundidade de penetração do laser é pequena. Assim, a evaporação tem lugar apenas à superfície.

6] **Aquecimento** por RF - O aquecimento por RF ou por indução pode ser fornecido ao evaporador direta ou indiretamente a partir do material do cadinho. Através da disposição adequada das bobinas de RF, o material aquecido por indução pode ser desviado. Isto elimina a possibilidade de contaminação da película pelo material de suporte.

7] **Aquecimento por bombardeamento de electrões** - A vaporização de substâncias também pode ser realizada por bombardeamento de electrões. Um fluxo de electrões é acelerado através de campos de cerca de 5 a 10 KV. Este feixe é focado na superfície do evaporante. Após a colisão, a maior parte da energia cinética é convertida em calor e podem ser obtidas temperaturas superiores a 3000° c. Os dispositivos que funcionam segundo o princípio do aquecimento por bombardeamento de electrões são designados por canhões de eleição. O cátodo quente é normalmente utilizado como fonte de electrões. Dependendo do modo de aceleração dos electrões, existem vários tipos de canhões de electrões.

2.2 Unidade de revestimento de película fina:

A unidade de revestimento utilizada para a deposição de películas finas é apresentada na fig. 2.1. O equipamento básico necessário para o efeito consiste num conjunto de bombagem ligado ao recipiente de trabalho. O recipiente de trabalho contém fontes de evaporação e substratos. O sistema de vácuo representado na fig. 2.1 é composto por três grupos

1] Embarcação de trabalho 2) Bomba principal 3) Bomba de proa.

Estes três grupos estão ligados entre si por condutas adequadas, válvulas, etc. O bombeamento é efectuado através da bomba principal e da linha de forquilha, cujos pormenores são discutidos a seguir,

2] **Recipiente** de trabalho - O recipiente de trabalho utilizado durante a evaporação é um recipiente de vidro duro do tipo campânula. O diâmetro interno do frasco é de 12" e a altura de 14". A parede desta campânula de vidro tem uma espessura de 0,25". A campânula é fornecida com uma junta em L para uma vedação fiável a vácuo.

3] **Bomba principal** - A bomba de difusão de vapor de três fases é utilizada como bomba principal para evacuar o recipiente de trabalho. A pressão máxima que se pode obter com uma bomba mecânica (neste caso, uma bomba rotativa do tipo palheta) é da ordem de $5x10^{-3}$ torr. Assim, para obter pressões mais baixas, é utilizada uma bomba de difusão de vapor. O princípio de funcionamento deste tipo de bombas é apresentado a seguir.

A caldeira desta bomba contém o fluido adequado para a bomba. Na caldeira formam-se vapores densos do fluido. O fluxo de vapor denso viaja então em direção ao jato superior através da chaminé. O vapor passa então através de um bocal de abertura estreita com alta velocidade, sendo direcionado para baixo. As moléculas de gás ou de vapor que se difundem da região de vácuo em direção ao jato são atingidas pelas moléculas de vapor. Assim, o impulso é dado às moléculas de gás, sendo a direção do impulso para baixo, em direção à saída. Assim, as moléculas de gás são empurradas para a saída da bomba, de onde são removidas pela bomba de vácuo. O óleo DC 704 é utilizado como fluido de bomba na bomba de difusão de vapor. Trata-se de um composto de tetrametílico tetrafenil siloxano com um peso molecular médio de 484. A pressão de vapor deste óleo a 25° c é de 1x 10^{-5} torr.

A densidade do óleo é de 1,066 gm/cc e o seu ponto de ebulição é de 215° c a 0,5 torr. Neste tipo de bombas, as moléculas de vapor, depois de atingirem as moléculas de gás, atingem a parede da bomba. Estas moléculas condensam-se nas paredes arrefecidas da bomba. O sistema de arrefecimento é necessário para o funcionamento eficaz da bomba. A bomba está equipada com serpentinas de arrefecimento de água que rodeiam o corpo da bomba. A região mais fria deve ser disposta apenas onde o fluxo de vapor atinge a parede da bomba. A taxa de arrefecimento deve ser crítica porque.

1] Se a taxa de arrefecimento for demasiado baixa, o vapor não é totalmente condensado. Assim, o refluxo das moléculas de vapor aumenta.

2] Se a taxa de arrefecimento for demasiado elevada, o vapor será frio. Isto resulta num fluxo lento de volta para a caldeira e é necessária uma maior potência da caldeira.

Requisitos de retorno e de desbaste - Para que a bomba de difusão de vapor funcione com êxito, o gás deve ser removido dos gases de escape à pressão de débito, conhecida como pressão de retorno. Se tal não for conseguido, ocorre uma retrodifusão excessiva em cada fase da bomba. Isto reduz ou mesmo pára a ação de bombagem.

Assim, para obter um funcionamento eficiente da bomba, a pressão do sistema é reduzida inicialmente pela bomba rotativa. Esta redução inicial é conhecida como desbaste. Com um desbaste adequado e instalações de apoio, a ação de bombagem de vapor reduz significativamente a pressão do sistema. A pressão final que pode ser obtida pela bomba de difusão de vapor é aproximadamente igual à pressão de vapor do fluido utilizado na mesma.

3] **Bomba de** vanguarda - A bomba rotativa selada a óleo do tipo palheta rotativa é utilizada como bomba de vanguarda. Este é um tipo de bomba mecânica que é um componente básico num sistema de alto vácuo. Estas bombas são capazes de produzir uma pressão da ordem de $5x10^{-3}$ torr. Como o nome indica, o óleo rotativo selado nas válvulas utiliza um membro rotativo (rotor) com vedação contra a fuga de ar efectuada pela utilização de óleo de vácuo. Embora as várias bombas comerciais possam diferir consideravelmente em termos de pormenores, todas elas funcionam segundo o mesmo princípio de base.

"O sistema a ser evacuado é aberto para a câmara da bomba. O volume da câmara é então aumentado pelo movimento mecânico de um pistão. Assim, o volume do gás do sistema é aumentado, provocando uma redução da pressão de acordo com a lei de Boyle. O gás introduzido na câmara da bomba é então isolado do sistema e comprimido até à pressão atmosférica, altura em que pode ser descarregado para a atmosfera. Este ciclo de funcionamento repete-se, provocando uma redução de pressão em cada ciclo." O sistema limpo e sem fugas é bombeado pela bomba rotativa, a pressão máxima atingível é da ordem de $5x10^{-3}$ torr. O limite é imposto porque não é possível atingir uma taxa de compressão suficiente. A taxa de compressão é definida como a relação entre a pressão de escape e a pressão de entrada.

Na bomba rotativa, o conjunto estator-rotor é submerso num óleo adequado. Este óleo é conduzido por canais e ranhuras previstos para o estator. Completa as vedações de contacto e lubrifica o sistema. Também ajuda a obter uma elevada taxa de compressão. O sistema de alto vácuo utilizado para reduzir a pressão na câmara de trabalho é a combinação de uma bomba de difusão de vapor apoiada por uma bomba rotativa. Esta é a combinação de bombagem padrão na gama de pressão de 10^{-3} a 10^{-6} torr.

Uma bomba de difusão de vapor e uma bomba rotativa estão interligadas por tubos e válvulas. As válvulas utilizadas no sistema são,

1] Válvula deflectora 2] Válvula de diafragma 3] Válvula de admissão de ar.

1] **Válvula deflectora** - Esta válvula é frequentemente utilizada em conjunto com uma bomba de vapor. Proporciona uma ação de válvula e, ao mesmo tempo, reduz o refluxo de vapor.

A ação das válvulas depende da rotação da haste roscada pelo punho externo através do vedante Wilson, que faz com que a porca se mova em sentido contrário. Este movimento é transmitido à placa deflectora que, quando baixada completamente, faz uma vedação estanque ao vácuo com um O-ring na base da válvula.

2] **Válvula de diafragma** - A válvula de vácuo mais simples para utilização em condutas forçadas é uma válvula de diafragma. Nesta válvula, uma membrana de elastómero é forçada a entrar em contacto com uma crista no interior do tubo. A válvula tem uma boa condutância, mas a grande área de elastómero exposta leva a propriedades de extração fracas.

3] **Válvula de admissão de ar** - Estas válvulas são utilizadas para baixar o sistema para a pressão atmosférica. Utiliza-se um fluxo de ar controlado para a admissão. A válvula é uma simples válvula ON-OFF que veda por meio de um disco de elastómero. São ligadas à câmara de vácuo por tubos curtos de 1/4" a 3/8" de diâmetro. As juntas roscadas dos tubos, envolvidas em fita de teflon, proporcionam uma vedação fiável.

O sistema de vácuo é construído através da ligação de (1) recipiente de trabalho

2) Bomba principal 3) Bomba principal por tubagens e componentes subsidiários, tais como as válvulas descritas acima, tubos de ligação. A figura 2.1 mostra o esquema deste sistema. Este sistema é utilizado para evacuar o recipiente de trabalho.

O procedimento de arranque e de encerramento do sistema é resumido a seguir.

Procedimento de arranque

a) Antes do arranque do sistema, todas as válvulas estão fechadas, exceto a válvula de admissão de ar XA1

b) A bomba dianteira está ligada. A válvula XA1 está fechada.

c) A válvula de apoio ou a válvula prévia é aberta para evacuar o corpo da bomba principal. A pressão é observada no manómetro G2.

d) A válvula de apoio é fechada e a válvula de desbaste é aberta quando G2 indica uma pressão de cerca de 10^{-2} torr. O recipiente de trabalho é agora evacuado, sendo a pressão observada novamente no manómetro G2. A caldeira também é ligada ao mesmo tempo.

Após cerca de meia hora, a válvula de desbaste é fechada e as válvulas de apoio e deflectoras são abertas.

O recipiente é agora evacuado através da bomba principal. A redução da pressão é agora observada no manómetro G1.

Procedimento de encerramento

a) A válvula Baffle está fechada.

b) A bomba principal (difusão de vapor) é desligada.

c) A válvula de apoio está fechada. Isto isolou a bomba principal sob vácuo do reservatório e da bomba de vante.

d) A válvula de admissão de ar da bomba dianteira é aberta.

e) A bomba dianteira está desligada.

f) O arrefecimento da bomba principal é mantido até que a bomba tenha arrefecido até à temperatura ambiente.

Os manómetros utilizados para medir a pressão são: 1) Manómetro de termopar 2) Manómetro de Penning.

1) Medidor de termopar - Este medidor baseia-se no princípio de que a condutividade térmica de um gás varia com a pressão. A condutividade térmica de um gás, a baixa pressão, é uma função linear da pressão. O filamento do medidor é aquecido eletricamente e a sua temperatura é medida diretamente por meio de um termopar. A fem termoeléctrica da ordem dos microvolts pode ser utilizada para fazer funcionar um microamperímetro calibrado em unidades de pressão. A gama de funcionamento do medidor é de 1 a 10^{-3} torr. Estes limites são definidos pelas taxas de perda de calor por condução e radiação. A perda de calor por radiação é pequena mas independente da pressão. No extremo de alta pressão, a perda de calor por condução também é constante com a pressão. Assim, a leitura do manómetro torna-se independente da pressão. A cerca de 10^{-3} torr, a perda de calor por condução torna-se igual à perda de calor por radiação. Consequentemente, as mudanças de pressão causam apenas pequenas alterações nas perdas de calor e o manómetro torna-se demasiado insensível. Para medir a pressão abaixo de 10^{-3} torr, utiliza-se o manómetro de penning.

2) Penning Gauge - Este é um medidor de ionização de cátodo frio. Este medidor consiste em dois cátodos sob a forma de placas paralelas. O ânodo, sob a forma de um laço de fio metálico, é colocado a meio caminho entre os dois cátodos. O princípio de funcionamento deste medidor é apresentado a seguir,

"O gás residual na cabeça do medidor é sujeito a radiações ionizantes. Algumas das moléculas de gás são ionizadas. Os iões de carga positiva são atraídos para um elétrodo de carga negativa colocado nas proximidades. Como resultado, uma corrente eléctrica muito pequena flui num circuito externo para manter a carga no elétrodo. A magnitude desta corrente depende de,

a) Intensidade da radiação ionizante

b) A natureza do gás.

c) O número de moléculas de gás por unidade de volume, ou seja, a pressão.

Assim, para determinadas condições, a corrente iónica é diretamente proporcional à pressão. Assim, a medição da corrente torna-se uma medição da pressão.

Monitorização da massa depositada -

A utilização de cristais de quartzo como monitor de películas finas foi proposta pela primeira vez por Sauerbrey. Um monitor de cristal de quartzo para monitorizar e controlar as taxas de deposição e evaporação de metais, não metais e películas multicomponentes tornou-se universalmente aceite. Atualmente, os osciladores de cristal de quartzo são amplamente utilizados para determinar pequenas quantidades de matéria depositada.

O monitor do oscilador de cristal utiliza o modo de corte de espessura do quartzo piezoelétrico. Uma fina pastilha de cristal é colocada em contacto nas suas duas superfícies e faz parte de um circuito oscilador. O campo CA induz oscilações de cisalhamento de espessura no cristal, cuja frequência de ressonância é inversamente proporcional à espessura d da pastilha.

$$F = C_t / d$$

Onde, Ct é a velocidade de propagação da onda elástica na direção da espessura. O cristal utilizado no monitor de deposição é um cristal circular plissado 35° 20' (corte AT) de tamanho 12 a 15 mm (aproximadamente). A frequência da ressonância fundamental do modo de espessura para um cristal de corte AT é dada por,

$$F = 1/2d\ .(c/\rho)^{1/2} = N/d \ldots\ldots\ldots\ldots\ldots\ldots\ (1)$$

Aqui ρ é a densidade do cristal, c é a sua constante elástica de cisalhamento e

$$N = (c/4\rho)^{1/2}$$

A variação da frequência f devida a um depósito de massa m, adicionado à área A da superfície antinodal de um ressoador mecânico, é dada por

$$f \ = - f K m / Ad \ldots\ldots\ldots\ (2)$$

Onde, a constante K=1 e o sinal negativo implica uma diminuição da frequência. Assim, combinando as equações (1) e (2) obtém-se,

$$F = -f^2 km/NA\rho = -c_f\, m/A = c_f\, \rho_{film}$$

Em que, cf = f^2 k/Np é uma constante do cristal e m = AT ρ_{film} assumindo uma espessura uniforme da película t e uma densidade constante $\rho_{.film}$

Assim, t = f / c_f ρfilme produz a espessura média da película.

O monitor utilizado para medir e controlar a espessura permite o controlo manual do processo de deposição da película de vácuo, fornecendo uma visualização direta da espessura da película e da taxa de deposição durante a deposição. O controlo semiautomático da espessura da película também pode ser efectuado através da utilização do relé de controlo do obturador no monitor. O monitor necessita de 4 parâmetros fornecidos pelo operador para fornecer uma leitura direta. A introdução, modificação e visualização destes parâmetros são fáceis e diretas. As baterias internas de Ni-Cd auto-carregáveis permitem o armazenamento de parâmetros durante um mínimo de 60 dias sem alimentação externa. Este modelo (DTM 101) foi fornecido pela Hi Tech Instruments Bangalore.

O cristal é montado num suporte de cristal. O suporte impede que o cristal se desloque da posição; permite a fácil remoção e substituição do cristal. A pastilha de cristal é protegida contra as alterações de temperatura através de um sistema de arrefecimento a água adequado que forma um escudo contra a radiação. Este escudo envolve todo o cristal, exceto a área de deposição.

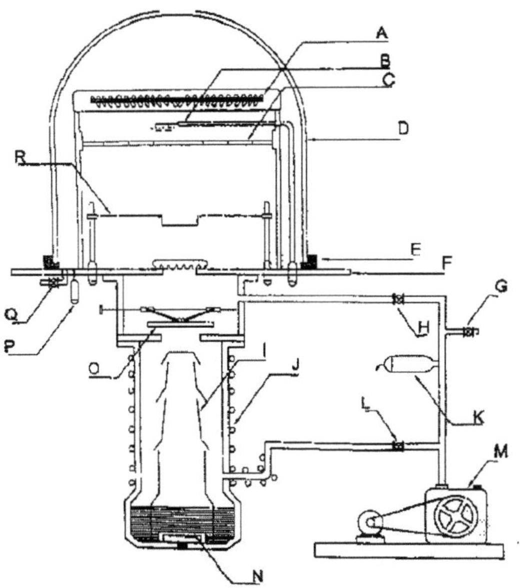

Fig. 2.1: Unidade de revestimento de película fina

As notações representam: - A: Aquecedor radiante, B: Cristal de quartzo, C: Substrato, D: Campânula, E : G e Q : Válvulas de admissão de ar, H : Válvula de desbaste, I : Bomba de difusão, J : Serpentinas de arrefecimento, K : Termopar, L : Válvula de apoio, M : Bomba de avanço, N : Aquecedor da bomba de difusão, O : Válvula de deflexão, P : Penning, R : Suporte da fonte de evaporação.

Fig. 2.2: Unidade de revestimento de película fina

Parâmetro de crescimento do filme fino de PbSe pela técnica de deposição a vácuo:

* Barco : Molibdénio (Mo)

* Pressão : 10^{-5} torr.

* Distância entre a fonte e o substrato: 10 cm.

* Substrato de vidro :75mm × 25mm × 1,35mm

* Temperatura ambiente.

2.3: Informações estruturais:

O padrão de difração de raios X foi registado no difratómetro de raios X Rigaku Miniflex (Japão), apresentado nas figuras 2.3 a 2.6 para películas recozidas. Os dados observados foram comparados com os dados do cartão JCPDS, verificando-se que as películas depositadas são policristalinas com estrutura cúbica.

2.4: Conclusões:

As películas finas monofásicas homogéneas de PbSe foram depositadas com sucesso pela técnica de evaporação física utilizando materiais de base de PbSe.

O padrão de difração de raios X das películas finas indica que o material é PbSe policristalino com estrutura cúbica.

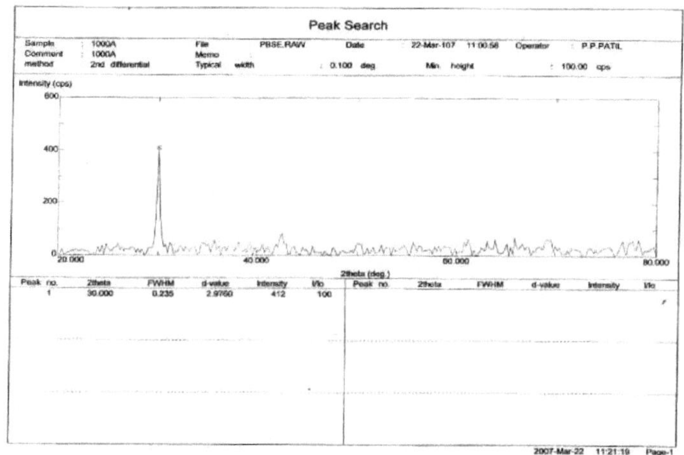
Peak Search
Sample : 1000A
Comment : 1000A
method 2nd differential
File PBSE.RAW
Memo
Typical width : 0.100 deg
Date : 22-Mar-107 11:00:58
Operator : P.P.PATIL
Min. height : 100.00 cps
Intensity (cps)
600
400
200
0
20.000
40.000
60.000
80.000
2theta (deg.)
Peak no. 2theta FWHM d-value Intensity I/Io
1 30.000 0.235 2.9760 412 100
2007-Mar-22 11:21:19 Page-1

Fig.2.3

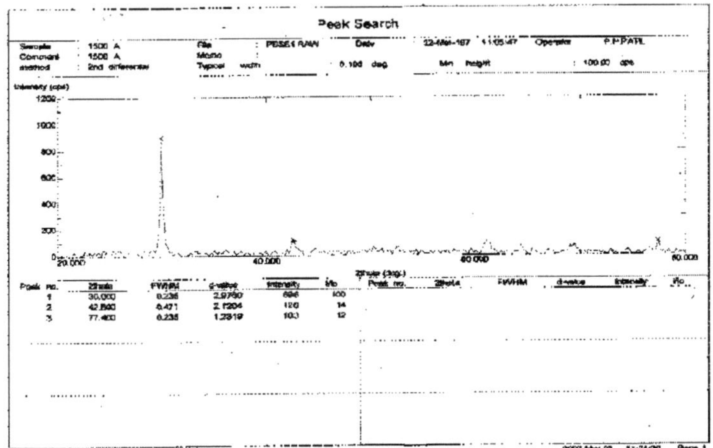
Peak Search
Sample : 1500 A
Comment : 1500 A
method : 2nd differential
File : PBSE1.RAW
Memo
Operator P.P.PATIL
Min. height : 100.00 cps
1200
1000
800
600
400
200
20.000
40.000
60.000
80.000
Peak no. 2theta FWHM d-value Intensity I/Io
1 30.000 0.236 2.9760 100
2 42.800 0.471 2.1204 120 14
3 77.400 0.235 1.2319 12
Page-1

Fig 2.4

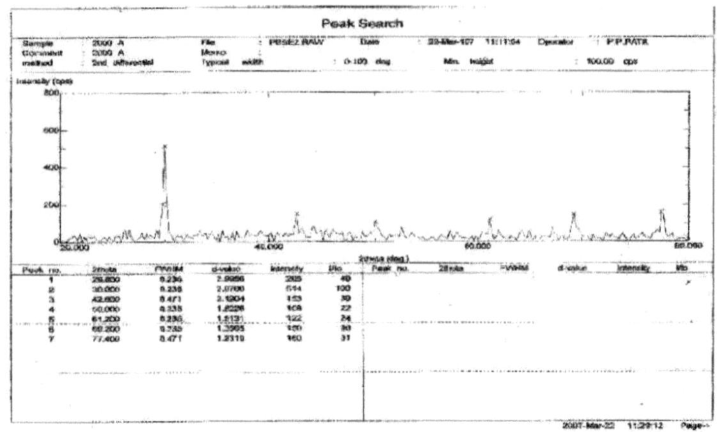

Peak no.	2theta	FWHM	d-value	Intensity	I/Io
1	29.800	0.236	2.9956	205	40
2	30.000	0.235	2.0700	514	100
3	42.600	0.471	2.1204	153	30
4	50.000	0.235	1.8226	108	22
5	61.200	0.236	1.5131	122	24
6	68.200	0.235	1.3905	150	30
7	77.400	0.471	1.2319	160	31

Fig 2.5

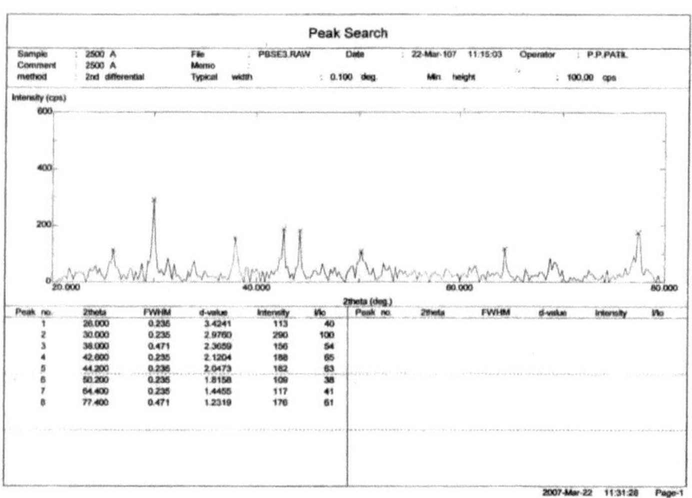

Peak no.	2theta	FWHM	d-value	Intensity	I/Io
1	26.000	0.235	3.4241	113	40
2	30.000	0.235	2.9760	290	100
3	38.000	0.471	2.3659	156	54
4	42.600	0.235	2.1204	188	65
5	44.200	0.236	2.0473	182	63
6	50.200	0.236	1.8158	109	38
7	64.400	0.235	1.4455	117	41
8	77.400	0.471	1.2319	176	61

Fig 2.6

Referência:

1. Faraday M

Fil. Trans. 147 (1857) 145.

2. Nahrworld R

Ann, phusik 31 (1887) 467.

3. Kundt A

Ann - phusik 34 (1888) 473.

4. Moser J

Wied Ann 42 (1891) 639.

5. Goswami A

Fundamentos da película fina. New age internationals Publishers 1996.

Capítulo - 3

Propriedades de transporte da película fina de PbSe

Introdução:

O estudo das propriedades de transporte de películas finas de PbSe é importante, uma vez que a informação fornecida por esses estudos será útil no fabrico de dispositivos electrónicos e células solares com este composto. Neste capítulo, descreve-se um estudo sistemático das propriedades de transporte das películas finas de PbSe

3.1 Técnica experimental

3.1.1 Medição da resistividade:-

Quase todos os métodos a descrever podem ser utilizados para materiais policristalinos ou monocristalinos, mas pode ser necessária uma quantidade considerável de interpretação adicional para amostras policristalinas. A preparação da superfície pode afetar a resistividade aparente. Pela sua natureza variada, as medições de resistividade dependem da geometria e são bastante sensíveis às condições de fronteira. Devido a esta sensibilidade, foram calculados muitos factores de correção.

i) Método direto: - É o método mais antigo de determinação da resistividade p (Ω.cm) em que uma amostra retangular de dimensões conhecidas para medir a resistência R

$$R = \rho \frac{L}{A}$$

Onde L = é o comprimento da amostra

A = é a sua secção transversal

A resistividade diminui normalmente à medida que a tensão aumenta e, finalmente, torna-se constante no gráfico da resistividade versus a tensão aplicada. Uma desvantagem é que p também contém a resistência de contacto.

ii) Sonda de dois pontos:-

O efeito da resistência de contacto pode ser eliminado através da utilização da sonda de dois pontos. Neste método, a corrente deve ser mantida baixa para evitar o aquecimento da amostra e o voltímetro deve ter uma impedância de entrada elevada. A medição deve ser feita a partir dos contactos em que quaisquer portadores minoritários injectados já se terão recombinado. Devido ao efeito de um mau contacto, podem ser introduzidos erros.

iii) Sonda linear de quatro pontos:

Na indústria dos semicondutores, o método da sonda de quatro pontos é a técnica mais utilizada para a medição da resistividade. O método não é destrutivo. No entanto, as pontas de prova podem danificar certos materiais semicondutores quando é aplicada uma pressão excessiva. As sondas são colocadas numa linha com um espaçamento igual. É passada corrente através das duas sondas exteriores e mede-se o potencial desenvolvido através das duas sondas interiores.

$$\rho = 2\pi s \frac{V}{I}$$

$$Rs = 4.532 \frac{V}{I}$$

iv) Método de Vandar Pauw (método não linear):

Os cristais com definições irregulares e tamanho maior (superior a 5 x 5 x 0,3 mm^3) foram selecionados para investigar o seu comportamento elétrico através deste método.

Os métodos convencionais de medição da resistividade são o método direto, o método de duas sondas e o método não linear, que apresentam algumas desvantagens, pelo que, no presente trabalho, é utilizado o método de quatro pontos de sonda, por ser o melhor método de medição da resistividade. Este método supera as dificuldades acima mencionadas e apresenta também várias outras vantagens. Permite medições de resistividade em amostras com uma grande variedade de formas, incluindo a resistividade de pequenos volumes dentro de peças maiores de semicondutores. Deste modo, é possível determinar a resistividade de ambos os lados da junção p-n.

Para utilizar este método das quatro sondas em cristais ou lâminas semicondutoras, é necessário assumir que

1. A resistividade do material é uniforme na área de medição.

2. Se houver injeção de portadores minoritários no semicondutor pelos eléctrodos que transportam a corrente, o seu efeito na condutividade é negligenciável. [Isto significa que a medição deve ser efectuada numa superfície que tenha uma taxa de recombinação elevada, como as superfícies com lapidação mecânica].

3. A superfície sobre a qual assentam as sondas é plana, sem fugas superficiais.

4. As quatro sondas utilizadas para as medições de resistividade entram em contacto com a superfície em pontos que se encontram na linha reta.

5. O diâmetro do contacto entre as sondas metálicas e o semicondutor deve ser pequeno em comparação com a distância entre as sondas.

6. A fronteira entre os eléctrodos que transportam a corrente e o material a granel é hemisférica e

de pequeno diâmetro.

7. A superfície do cristal semicondutor pode ser condutora ou não condutora. a. Uma fronteira condutora é aquela em que um material de muito maior resistividade do que o semicondutor foi revestido.

b. Uma fronteira não condutora é produzida quando a superfície do cristal é contacto com um isolante.

A resistividade das amostras foi medida pela técnica das quatro sondas utilizando o modelo n.º DEP-02 "Scientific Equipment Roorkee", em função da espessura e da temperatura, como se mostra na fig. 3.1. O modelo básico para todas estas medições é apresentado na fig. 3.2. Quatro sondas afiadas são colocadas numa superfície plana do material a medir, a corrente passa através dos dois eléctrodos exteriores e o potencial é medido através dos pares interiores. Se a superfície plana sobre a qual assentam as sondas for suficientemente grande e o cristal for de grandes dimensões, o semicondutor pode ter um volume semi-infinito. Para evitar a injeção de portadores minoritários e estabelecer bons contactos, a superfície sobre a qual as sondas assentam pode ser mecanicamente lapidada.

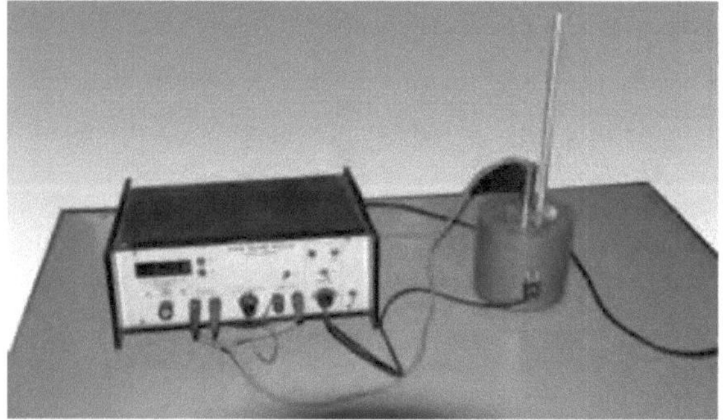

Fig. 3.1: Configuração experimental para a medição da resistividade com quatro sondas

O circuito experimental utilizado para a medição é ilustrado na Fig.3.3. O valor normal do espaçamento entre sondas que foi considerado satisfatório é uma distância igual de 2,0 mm entre sondas adjacentes.

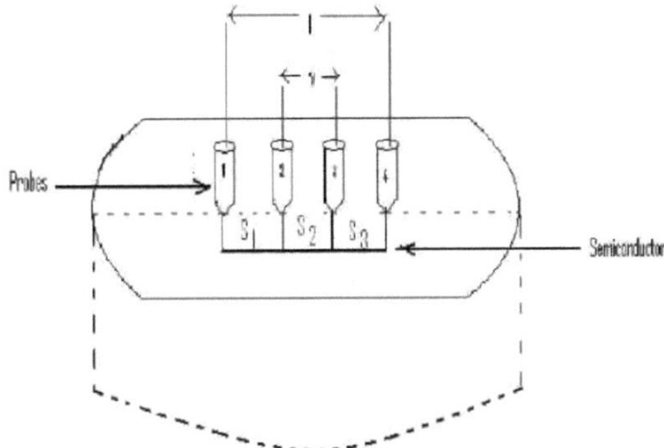

Fig. 3.2: Modelo para medição da resistividade com quatro sondas

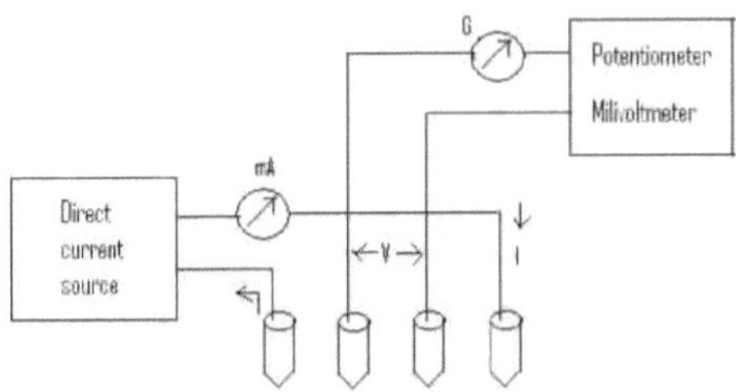

Fig.3.3: Circuito utilizado para a medição da resistividade

Foi fornecido um pequeno forno para facilitar as medições a várias temperaturas, desde a temperatura ambiente 303 a 473K. Um gerador regulado de corrente constante especificamente concebido para fornecer a corrente variável necessária. (0 a 20 mA com resolução de 10 μA) foi fornecido para o efeito.

Determinação da resistividade eléctrica

A resistividade do método Four Probe é dada por

$$\rho = \frac{2\pi(V/I)}{[1/S_1 + 1/S_3 - 1/(S_1 + S_2) - 1/(S_2 + S_3)]}$$

s = espaçamento da sonda em constantes

Se $S_1 = S_2 = S_3$

$$\rho = 2\pi s \frac{V}{I}$$

O espaçamento da sonda pode ser de 0,159 cm, de modo a que 2πs seja igual a um em que p=V/I para amostras de película fina com W < 0,1 s e limites > 20s da sonda.

p = 4,532 W (V/I)   W é a espessura da fatia

OrRs = 4,532 (V/I)

Utilizando as caraterísticas V-I da amostra, é possível obter a resistividade.

Energia de ativação dos portadores de carga:-

A energia de ativação dos portadores de carga das películas finas foi avaliada estudando a variação da resistividade com a temperatura (na gama de 303 a 473K) através do método das quatro sondas, sabendo-se que a distância entre duas sondas consecutivas é uma função de p0,G7 e a resistividade p Os valores de p, calculados a cada temperatura, traçando a curva de logp versos 1/T a energia de ativação do portador de carga foi calculada utilizando a fórmula

Ea = 2,303 x 2K x 10^3 x declive

Concentração de portadores de carga

A concentração de portadores intrínsecos, ou seja, o número de electrões em

A banda de condução por unidade de volume é dada pela expressão.

$$n = 2\times\left(\frac{m_e KT}{2\pi h^2}\right)^{3/2}\times \operatorname{Exp}(\mu - Eg)/KT \quad ....(1)$$

E a concentração de buracos na banda de valência é dada pela expressão

$$p = 2\times\left(\frac{m_h KT}{2\pi h^2}\right)^{3/2}\times \operatorname{Exp}(-\mu/KT)\, ...(2)$$

Para obter a relação de equilíbrio, multiplique as equações 1 e 2

$$np = 4\times\left(\frac{KT}{2\pi h^2}\right)^{3}(m_e.m_h)^{3/2}\times \operatorname{Exp}(-Eg)/KT \quad ....(3)$$

No presente trabalho, a concentração de portadores extrínsecos foi calculada por

$$\frac{1}{\rho_0\lambda_0} = 2\left(\frac{8\pi}{3}\right)^{1/3}\left(\frac{e2}{h}\right)n^{2/3}$$

Onde

λ_0 =Viagem livre média

ρ_0 =Resistividade do bloco

e=Carga eletrónica

h=Pranchas constantes

n=Concentração do portador

3.1.2 Medição do corredor

As medições Hall são amplamente utilizadas na caraterização inicial dos semicondutores para medir a concentração e a mobilidade dos portadores de carga. As medições da condutividade eléctrica não podem revelar que tipo de portadores de carga, positivos ou negativos, estão presentes nem são capazes de os distinguir. No entanto, esta informação pode ser obtida através da medição do efeito Hall.

Determinação do coeficiente Hall e da concentração de portadores:

Quando um campo magnético é aplicado perpendicularmente ao fluxo de corrente, gera-se um campo elétrico EH que é mutuamente perpendicular à corrente e ao campo magnético e é diretamente proporcional ao produto da densidade da corrente e da indução magnética,

$$E_H = \frac{RI_B}{A}, V_H = \frac{RI_B}{W} \text{ ....(1)}$$

Em que R = coeficiente de Hall

I = Corrente que atravessa a amostra.

B = Indução magnética

A = Secção transversal da amostra

W = Espessura

L = comprimento total, x = distância do elétrodo Hall ao contacto, Terminologia de sinais e dimensões para barras Hall.

$$\text{The Hall voltage } V_H = E_H.d$$

$$= \frac{R_H.B.I.d}{W.d.}$$

$$= \frac{R_H.B.I}{W}$$

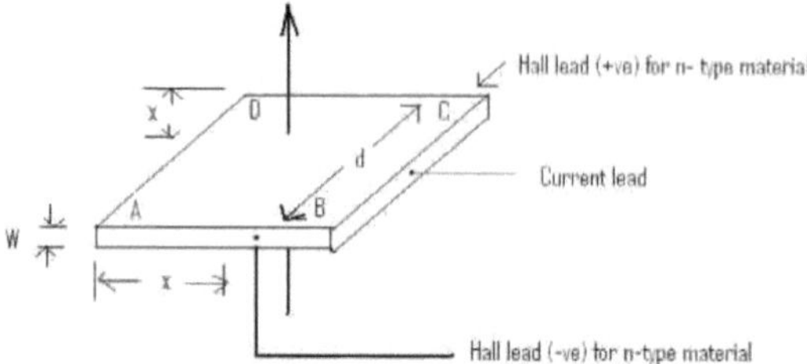

Fig. 3.4: mostra a geometria, a convenção de sinais

Interpretação abreviada

Uma teoria muito simples prevê que R, tal como definido na equação 1, é dado por

$$R = \frac{-1}{n.q}, \frac{1}{p.q}$$

Onde q = carga eletrónica e n ou p a densidade do portador. Assim, o tipo de portador, bem como a concentração, também podem ser determinados a partir do coeficiente Hall, uma vez que, se for seguida a convenção de sinais da Fig. 3.4, R é -ve para o tipo n e +ve para o tipo p.

Determinação da mobilidade Hall:

A velocidade de deriva da portadora V é proporcional ao campo E e é descrita por

$$V_{drift} = \mu_d E$$

Onde μd é a mobilidade de deriva do portador, alternativamente μ pode ser definido e medido a partir de J = μc n q E, onde n é a densidade do portador. Neste caso, μc é referido como a mobilidade de condutividade e, em princípio, deve ser o mesmo que $_{\mu d}$. A resistividade é dada por $_{U\mu c \Pi q}$, de modo que uma medição de resistividade acoplada a um valor de n dará a mobilidade para portadores majoritários. O método mais comum de determinar n, e o mais aplicável em uma ampla gama de materiais e temperatura, é através do coeficiente Hall R e, por uma questão de conveniência, obter outra mobilidade, a mobilidade Hall μΠ, é definida através de

$$\mu_H = |R|\, \sigma \quad \text{or} \quad \mu_H = |R| / \rho$$

Se a teoria mais simples for assumida, μH é igual a (3n/8) $_{\mu c}$, mas, de facto, devido ao comportamento complexo da maioria dos semicondutores, pode haver uma variação consideravelmente maior entre os dois.

Uma vez que μ relaciona dois vectores, é um tensor de segunda ordem e, em todos os cristais, exceto os cúbicos, dependerá da direção. O diagrama de circuito convencional para a medição do efeito Hall

é apresentado na fig. (3.5)

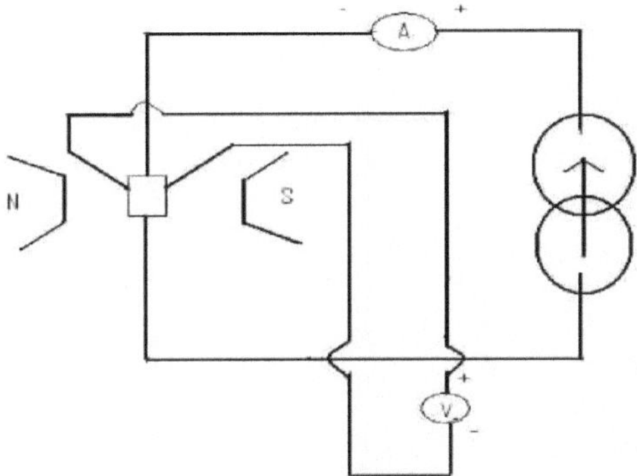

Fig. 3.5: Diagrama do circuito para medição Hall

Na presente experiência, a tensão de Hall (V_H) de um cristal semicondutor pode ser medida sob diferentes intensidades de campo magnético (B) e com uma magnitude variável de corrente (I)

É possível determinar o coeficiente Hall, a concentração de portadores e a mobilidade Hall da amostra sintetizada preparada pela técnica de evaporação em vácuo. Foi utilizada uma sonda Hall modificada (fig. 3.6) para películas finas, a fim de avaliar a mobilidade de tipo e a concentração de portadores do material semicondutor. A montagem experimental para esta técnica é apresentada na fig. 3.7. A amostra para a medição é mantida num campo magnético conhecido produzido por um eletroíman [tipo EMPS-5 omega electronics, Jaipur, Índia].

Este campo magnético modifica a trajetória dos electrões produzindo as tensões Hall conhecendo os valores da resistência (ΔR), dos campos magnéticos (ΔB) e da espessura da amostra (t), a mobilidade dos portadores foi avaliada utilizando a equação

$$\mu_H = \frac{t}{\Delta B} \text{ x } \frac{\Delta R}{\rho}$$

Onde, p = resistividade à temperatura ambiente.

O coeficiente Hall e a concentração do portador foram calculados utilizando

$$R_H = \mu_H \text{ x } \rho \quad \text{and} \quad n = \frac{1}{R_H \cdot \rho}$$

A partir do sinal do coeficiente de Hall, é possível determinar a natureza dos portadores de carga na amostra em causa.

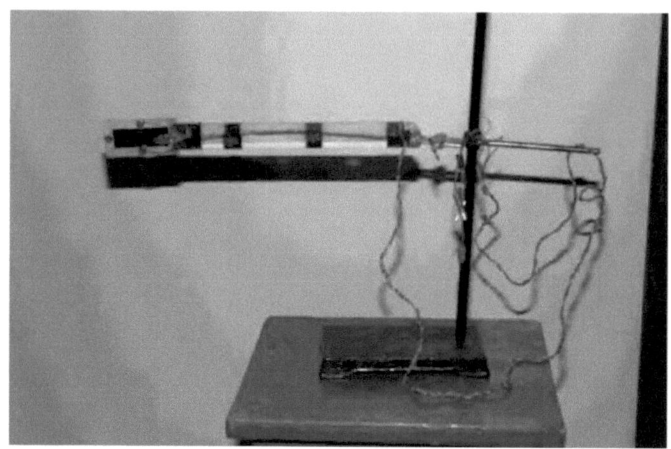

Fig. 3.6: Sonda Hall modificada

Fig. 3.7: Instalação experimental para medição Hall

3.1.3 Energia termoeléctrica:

Entre as propriedades de transporte eletrónico, a energia termoeléctrica é o método mais sensível para estudar a variação dos níveis de Fermi. É um dos métodos independentes para determinar o sinal, a densidade e a mobilidade dos portadores nos semicondutores. O efeito termoelétrico tem sido amplamente utilizado para analisar as propriedades de metais e semicondutores em equilíbrio térmico. As medições termoeléctricas são frequentemente utilizadas no estudo de semicondutores devido à informação que podem fornecer sobre a concentração de portadores livres, a massa efectiva do portador e o mecanismo de dispersão. Muitos investigadores estudaram o efeito termoelétrico em calcogenetos metálicos nas suas formas de massa e de película fina [1-2]. As medições termoeléctricas em PbS e PbSe são bem compreendidas na forma de massa e, por isso, o autor decidiu estudar o efeito termoelétrico no seleneto de chumbo na forma de película fina.

A potência termoeléctrica (α) é medida pelo método integral [3-7]. No método integral, uma extremidade da amostra é aquecida enquanto a outra extremidade é mantida a uma temperatura constante. A diferença de temperatura (ΔT) entre as duas extremidades da amostra provoca a geração de fem. A potência termoeléctrica é calculada a partir da relação

$$\alpha = (\Delta V / \Delta T) \, mV/^{0}C$$

No presente trabalho, é utilizado o método integral para medir a fem térmica. A "Pushpa Scientific" Hyderabad forneceu a instalação experimental (fig. 3.8) utilizada para a medição da fem térmica. O gradiente máximo de temperatura que se pode obter é de 200° c nesta instalação. A instalação experimental consiste em dois parafusos grandes de latão com contactos de extremidade fina. Um pequeno aquecedor foi fixado na base de uma das extremidades da película, enquanto a outra extremidade foi mantida à temperatura ambiente. O gradiente de temperatura entre as duas extremidades da amostra foi registado. Foram colocados dois termopares que tocam nas duas extremidades com uma precisão de ± 0,1° C e ligados a um indicador digital de temperatura (fig. 3.9)

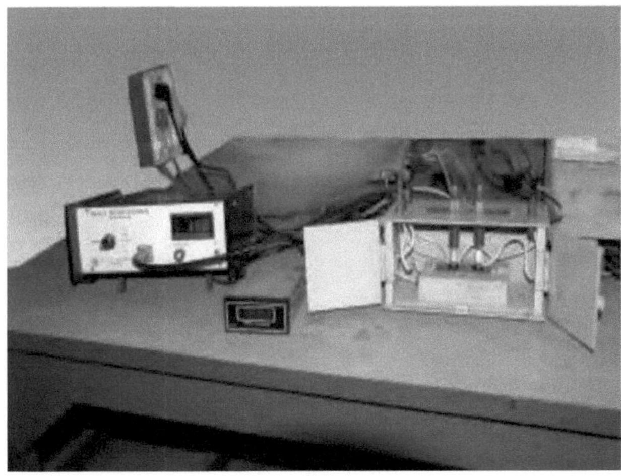

Fig. 3.8: Instalação de energia termoeléctrica

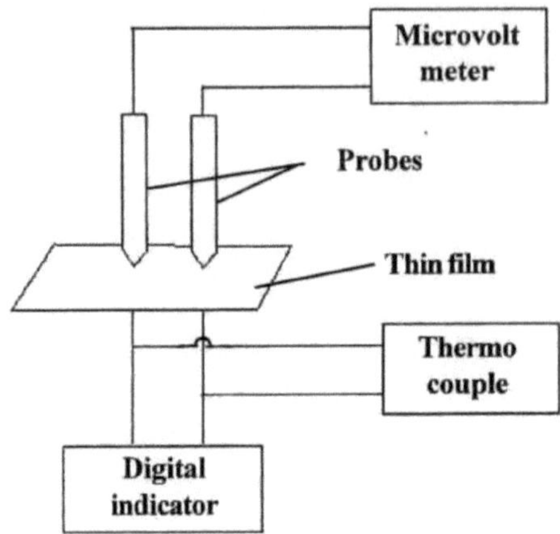

Fig. 3.9: Diagrama simplificado da medição da TEP

A fem térmica através da amostra foi medida por um microvoltímetro digital modelo DMV- 001, equipamento científico, fabricado em Roorkee. O conjunto completo foi colocado dentro de uma caixa com isolamento térmico.

3.2 Resultados e discussões:

3.2.1 Medição da resistividade à temperatura ambiente pelo método das quatro sondas:

A resistividade das películas de PbSe de diferentes espessuras (1000, 1500, 2000, 2500 A^0) foi medida por um conjunto de quatro sondas fornecido por equipamento científico, Roorkee, descrito na secção 3.1.1. A resistividade de todas as amostras foi medida à temperatura ambiente. A variação da tensão da sonda com a corrente da sonda para a espessura de 1000 A^0 está representada na tabela 3.1. A representação gráfica da tensão da sonda em função da corrente da sonda para diferentes espessuras [1500, 2000, 2500 A^0] é apresentada na Fig.3.10.

O gráfico da resistividade em função da espessura Fig. 3.11 indica que a resistividade da película aumenta com o aumento da espessura, obedecendo à teoria do efeito de tamanho. Este facto é confirmado pelo gráfico de ρ em função de 1/d na Fig. 3.12. A partir desta teoria do efeito de tamanho, é possível calcular a resistividade global (ρ_0), o caminho livre médio e a concentração de portadores de carga. Os valores calculados são os indicados na Tabela 3.2.

3.2.2 Medição da resistividade no plano a alta temperatura (303 a 453 K) pelo método das quatro sondas:

Utilizando o aparelho de resistividade de quatro sondas a alta temperatura, mediu-se a resistividade de películas finas de PbSe (Espessura 1000,1500,2000,2500 A^0) no intervalo de temperatura 303-

453 K. O valor da resistividade foi obtido num intervalo de 10 k a partir de 303 k, como se mostra na tabela 3.3. A variação gráfica de log p versus 1/T para cada caso está representada nas figuras 3.13-3.16. Sugere que a resistividade do material depende da temperatura. A representação gráfica dá a relação entre eles, pois à medida que a temperatura da película fina aumenta, a resistividade diminui, o que sugere a natureza semi-condutora do material. A energia de ativação calculada para a película fina de PbSe é apresentada na tabela 3.4, cujos valores variam entre 26 e 83 meV.

Tabela 3.1: Caraterísticas VI (Espessura 1000 A)^0

Obs.	Corrente (mA)	Tensão (mV)
1	0.01	2.18
2	0.02	5.3
3	0.03	8.5
4	0.04	11.6
5	0.05	14.7
6	0.06	18.0
7	0.07	21.2
8	0.08	24.3

Quadro 3.2

Resistividade de massa (ρ_0)	0.2525
Caminho livre médio (λ_0)	2,491×10- 4 cm
Concentração de portadores de carga (n)	$2,888\times10^1$ 8 /cm^3

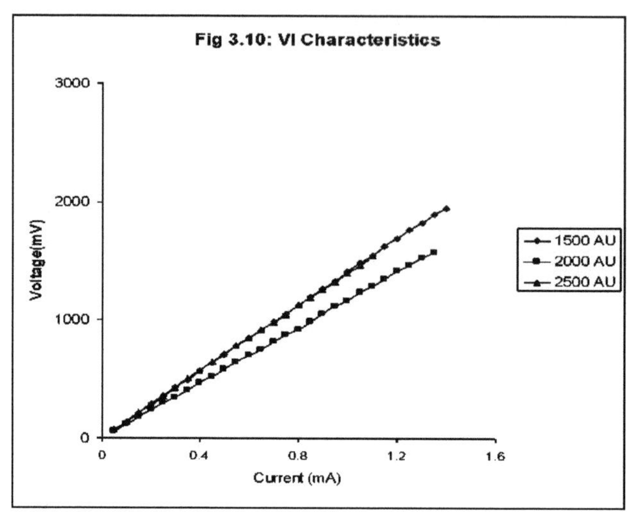
Fig 3.10: VI Characteristics
3000
2000
1000
0
Voltage(mV)
0
0.4
0.8
1.2
1.6
Current (mA)
1500 AU
2000 AU
2500 AU

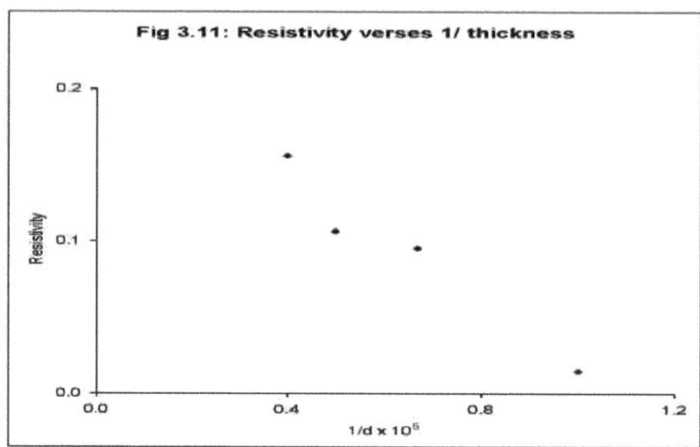
Fig 3.11: Resistivity verses 1/ thickness
0.2
0.1
0.0
Resistivity
0.0
0.4
0.8
1.2
1/d x 10^5

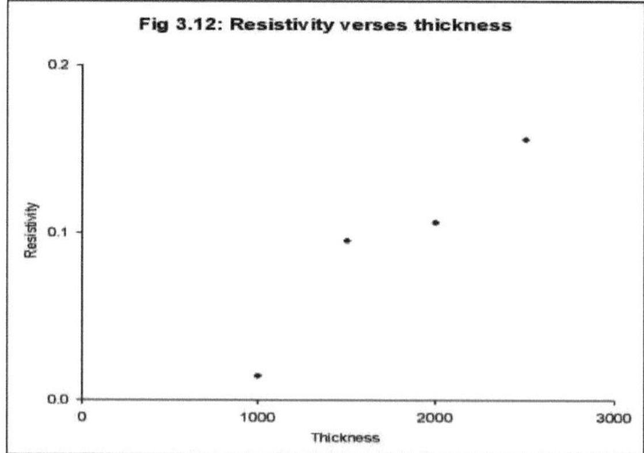
Fig 3.12: Resistivity verses thickness
0.2
0.1
0.0
Resistivity
0
1000
2000
3000
Thickness

Tabela 3.3:

N.º de observações	Temp K	Resistividade ρ=Ω-cm			
		1000 A^0	1500 A^0	2000 A^0	2500 A^0
1	453	0.0088	0.2781	0.1374	0.1314
2	443	0.0088	0.2851	0.1385	0.1321
3	433	0.009	0.2929	0.1396	0.1351
4	423	0.0094	0.2989	0.1403	0.1401
5	413	0.0096	0.3052	0.1417	0.1451
6	403	0.01	0.3127	0.1432	0.1496
7	393	0.0103	0.3207	0.1446	0.1552
8	383	0.0106	0.3289	0.1461	0.1601
9	373	0.0109	0.337	0.1479	0.1645
10	363	0.0111	0.3452	0.1494	0.1722
11	353	0.0116	0.3561	0.1512	0.179
12	343	0.0121	0.3683	0.153	0.1858
13	333	0.0124	0.3778	0.1555	0.1949
14	323	0.0128	0.3914	0.1577	0.2039
15	313	0.0134	0.4023	0.1599	0.2153
16	303	0.014	0.4075	0.1628	0.2243

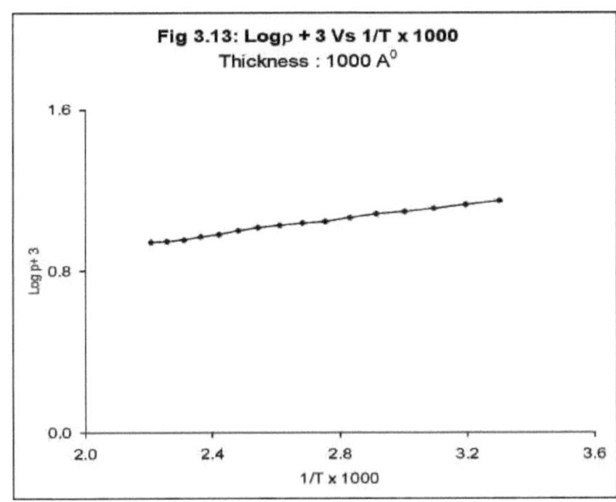

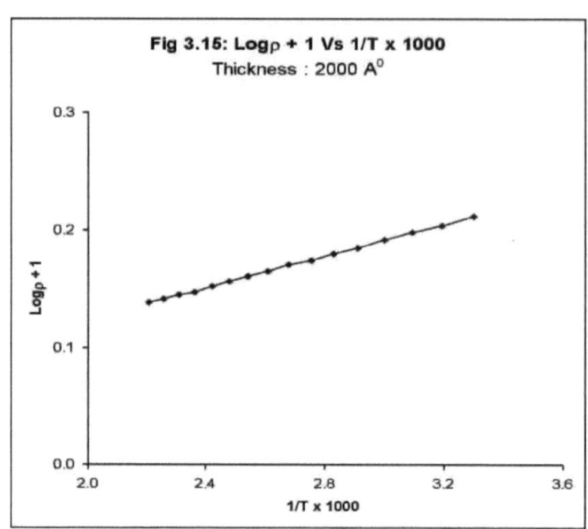

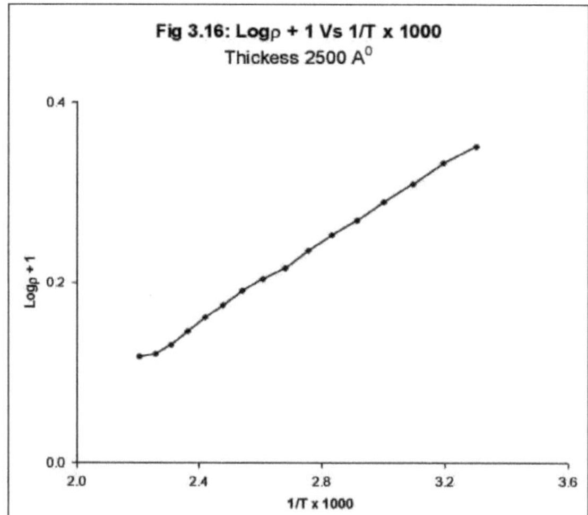

Tabela 3.4: Energias de ativação calculadas

Obs. Não.	Espessura A^0	ΔE meV
1	1000	75.4
2	1500	61.0
3	2000	26.5
4	2500	83.1

3.2.3 Medição Hall à temperatura ambiente:

A medição Hall constitui um método sensível para avaliar o tipo, a mobilidade Hall, o coeficiente

Hall e a concentração de portadores das películas finas de PbSe. O autor efectuou a medição Hall para diferentes espessuras (1500, 2000, 2500 A^0) utilizando a configuração Hall descrita na secção 3.1.2. A variação da tensão Hall com a corrente da sonda num campo magnético constante para 1500 A^0 está representada na Tabela 3.5.

A representação gráfica da sua espessura diferente [2000, 2500 A^0] é mostrada na fig. 3.17.

O gráfico da tensão Hall em função da corrente da sonda indica que a mobilidade Hall, o coeficiente Hall e as concentrações de portadores dependem da espessura. Todos os valores avaliados são apresentados na Tabela 3.6.

As seguintes conclusões são retiradas da medição de Hall.

1. O gráfico sugere que é do tipo P de natureza semi-condutora.
2. A mobilidade Hall, o coeficiente Hall e a concentração de portadores dependem da espessura.
3. A mobilidade Hall aumenta com o aumento da espessura.
4. O coeficiente Hall aumenta com o aumento da espessura.
5. A concentração de portadores aumenta à medida que a espessura diminui.

Espessura 1500A^0 O campo magnético é de 3160 Gauss

Quadro 3.5

Obs. Não.	Corrente da sonda mA	Tensão da sonda mV
1	0.05	0.01
2	0.1	0.017
3	0.15	0.024
4	0.2	0.03
5	0.25	0.036
6	0.3	0.043
7	0.35	0.051

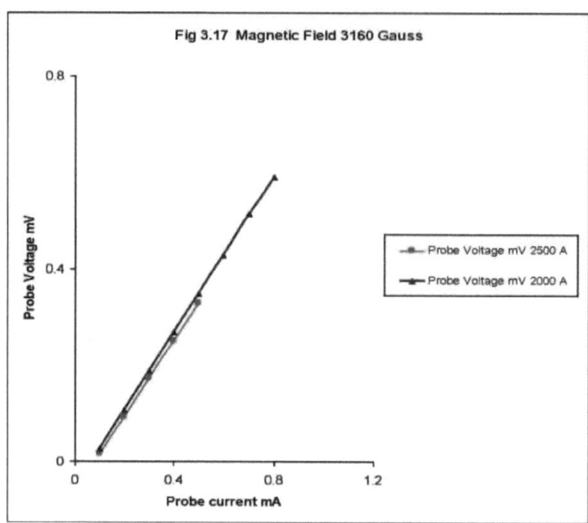

Tabela 3.6: Medição de Hall

Espessura	Campo magnético (K Gauss)	Mobilidade Hall 10-5cm /Volt-2 Sec	Coeficiente Hall $\times 10^{-6}$ Volt-cm/A-Gauss	Concentração do transportador $\times 10^{18}$ por cm^3
2500 A^0	1.7	6.643	10.36	0.6183
	3.16	4.022	6.245	1.0258
	4.55	2.514	3.924	1.6326
	5.72	1.8	2.809	2.2804
2000 A^0	1.7	7.594	8.088	1.1609
	3.16	4.754	5.063	1.854
	4.55	2.655	2.827	3.32
	5.72	2.692	2.867	3.274
1500 A^0	1.7	2.037	1.941	5.405
	3.16	0.6639	0.6327	16.58

3.2.4 Avaliação da energia de Fermi a partir da medição TEP.

É bem conhecido [9] que a energia termoeléctrica fornece um método independente para determinar o sinal do portador, a energia de Fermi e o coeficiente de absorção. O efeito termoelétrico oferece uma vantagem distintiva em relação a outros métodos porque a tensão termoeléctrica medida está diretamente relacionada com a concentração de portadores, o que torna as medições termoeléctricas mais simples, mesmo para materiais de baixa mobilidade. [10].

As medições termoeléctricas são realizadas com a ajuda do TEP Setup.

A representação gráfica da variação de temperatura dos versos de emf térmica para diferentes espessuras de filmes finos de PbSe é mostrada na figura 3.18 -3.21 e a representação gráfica no coeficiente de seebeck versus 1/ΔT para diferentes espessuras na fase de filme fino é mostrada na fig 3.22 -3.25 A partir deste gráfico, a energia de Fermi e o coeficiente de absorção são calculados e representados na tabela 3.7, a energia de Fermi dos filmes finos de PbSe depende da espessura.

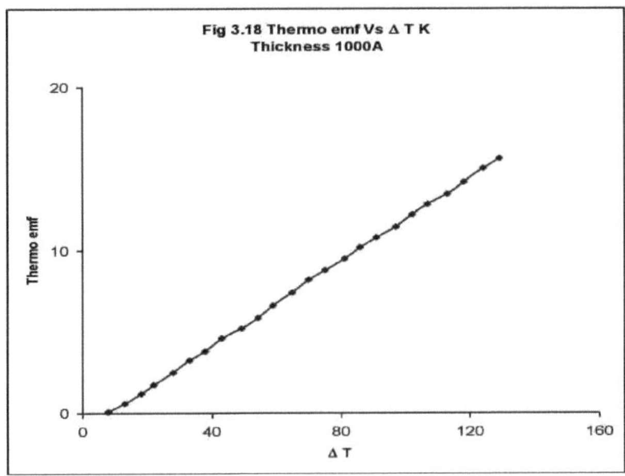

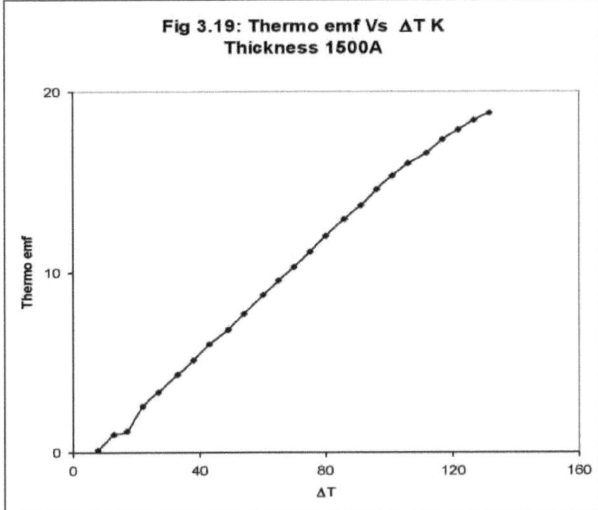

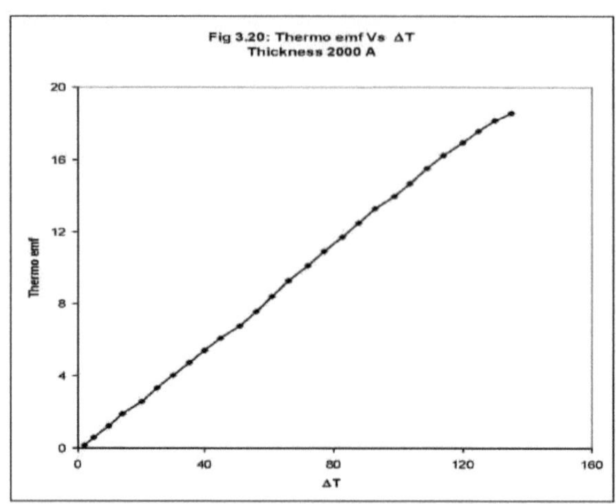
Fig 3.20: Thermo emf Vs ΔT
Thickness 2000 A
Thermo emf
ΔT
0
4
8
12
16
20
40
80
120
160

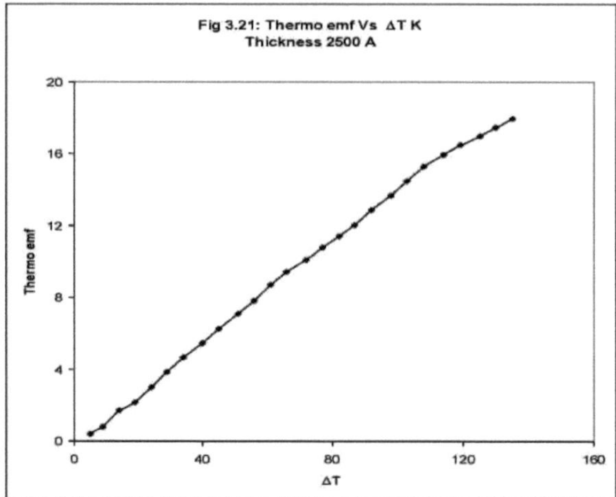
Fig 3.21: Thermo emf Vs ΔT K
Thickness 2500 A
Thermo emf
ΔT
0
4
8
12
16
20
40
80
120
160

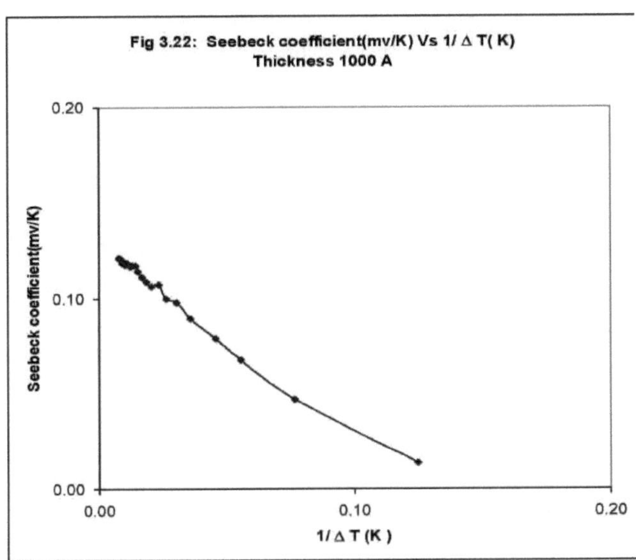
Fig 3.22: Seebeck coefficient(mv/K) Vs 1/ Δ T(K)
Thickness 1000 A
0.20
0.10
0.00
Seebeck coefficient(mv/K)
0.00
0.10
0.20
1/ Δ T (K)

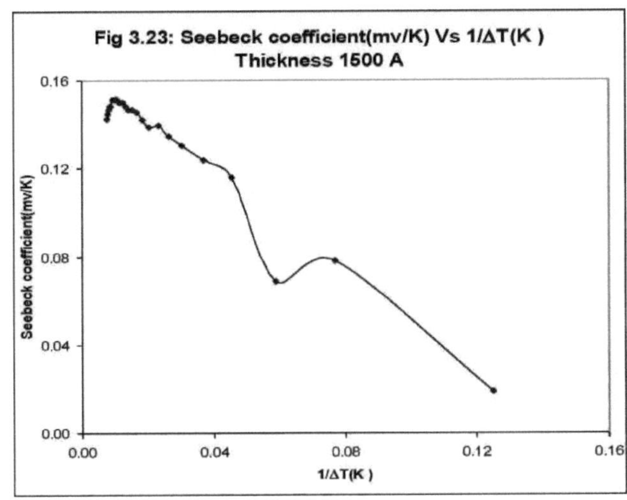
Fig 3.23: Seebeck coefficient(mv/K) Vs 1/ΔT(K)
Thickness 1500 A
0.16
0.12
0.08
0.04
0.00
Seebeck coefficient(mv/K)
0.00
0.04
0.08
0.12
0.16
1/ΔT(K)

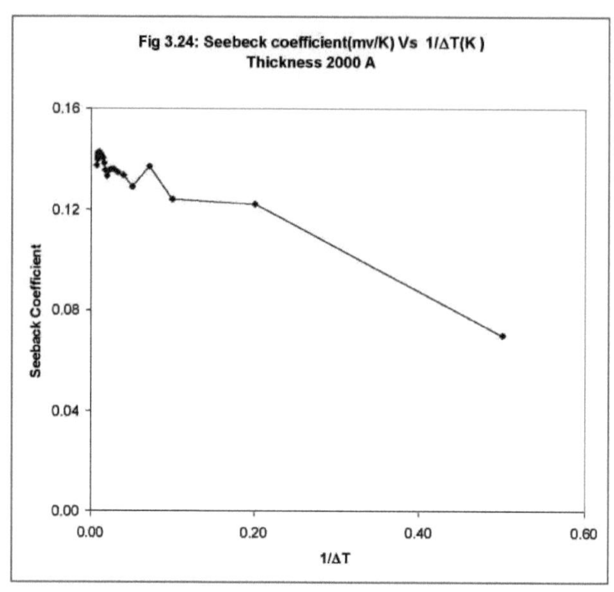
Fig 3.24: Seebeck coefficient(mv/K) Vs 1/ΔT(K)
Thickness 2000 A
0.16
0.12
0.08
0.04
0.00
Seeback Coefficient
0.00
0.20
0.40
0.60
1/ΔT

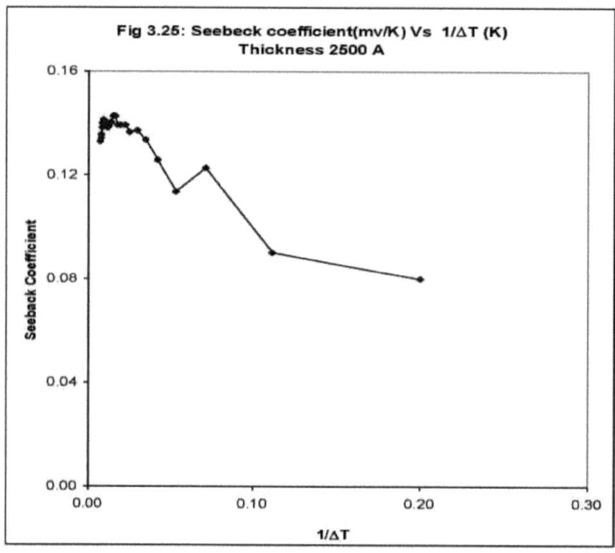
Fig 3.25: Seebeck coefficient(mv/K) Vs 1/ΔT (K)
Thickness 2500 A
0.16
0.12
0.08
0.04
0.00
Seeback Coefficient
0.00
0.10
0.20
0.30
1/ΔT

Tabela n.º 3.7: Propriedades termoeléctricas da película fina de PbSe

Obs.	Espessura da amostra A^0	Energia de Fermi (eV)	Coeficiente de absorção
1	1000	-0.00117	1.507
2	1500	-0.00113	1.889
3	2000	-0.0871	1.808
4	2500	-0.00069	1.808

Referência:

1. Potência termoeléctrica de películas de CdS e CdSe depositadas em substratos vibrantes K. P. Mohanchadra, J. Uchil. Filmes sólidos finos 305(1997) 124-129

2. D.N. Gujarathi, U.P. Khairnar, R.U.Vaidya, S.A.Patil e G.P. Bhavsar Proc INCOSURF - 2004, 475-480.

3. V. Damodara Das e K Seetharama Bhat, J. App. Phys, 54 (1983) 6641.

4. Feng Chen, Kevin L, Stokes, Weilie Z hau, Jiye Fang e Christopher B Murray Mat Res. Soc., Symp. Proc Vol. 691 © 2002.

5. E. Pentia, L.Pintilie, V.Draghicil, M.Lisca BPU-5; 5ª Conferência Geral da União Física dos Balcãs, 25-29 de agosto de 2003, Vrnjacka Banju Sérvia e Montenegro.

6. H.K. Sachar, I Chao, P.J.McCann e X.M. Fang Journal of applied physics, volume 85, número 10, 15 de maio de 1999.

7. Feng Chen, Kevin L, Stokes, Weilie Z hau, Jiye Fang e Christopher B Murray Mat Res. Soc., Symp. Proc Vol. 691 © 2002.

8. Jia Zhu, Hailin Peng, Condance K. Chan, Konrad Jarausch, Xiao Feng, Z hang e Yi-Chu, xxxx, Vol-0, No. A-E, 2007.

9. K. P. Mohanchandra e J. Uchil, Thin solid films, 305(1997) 124.

10. H. B. Kwok e R. H. Bube, J. Appl. Phys, 44(1) (1973) 138.

Capítulo - 4

Conclusões

Introdução

Os materiais com natureza semicondutora continuam a ser um tema amplamente investigado na física atual, sendo que a maior parte das aplicações tecnológicas importantes diz respeito a compostos binários de materiais semicondutores. As investigações sobre este tipo de composto foram levadas a cabo por um grande número de investigadores. O grande volume de trabalho realizado neste domínio é importante, não só para a ciência fundamental, mas também para as aplicações industriais. O autor investigou a deposição da película de seleneto de chumbo para estudar as suas diversas propriedades eléctricas e de transporte, bem como as variações de espessura. Todo o trabalho efectuado da forma acima descrita foi descrito na presente dissertação. As conclusões gerais retiradas de todo o trabalho e o âmbito do trabalho futuro são discutidos a seguir.

4.1 Conclusões :-

Estas películas foram depositadas utilizando diferentes técnicas, tendo o autor selecionado a técnica de deposição térmica com a forma pura direta da fase material em pó, uma vez que não apresenta qualquer contaminação de impurezas para a sua síntese. O difratómetro de raios X mostra que as películas depositadas são policristalinas com estrutura cúbica.

A variação da resistividade e da potência termoeléctrica com a temperatura confirma a natureza semicondutora das películas depositadas. Os valores de posição do coeficiente de Seebeck e do coeficiente Hall indicam que todas as películas (1000, 1500, 2000, 2500 A^0 são do tipo P na natureza e a maioria das cargas são buracos. Observou-se que a resistividade de uma película aumenta com o aumento da espessura, o que obedece à teoria do efeito de tamanho. A partir da dependência da temperatura da energia termoeléctrica, determinam-se a energia de Fermi E_f e o coeficiente de absorção, que dependem da espessura.

yes

I want morebooks!

Buy your books fast and straightforward online - at one of world's fastest growing online book stores! Environmentally sound due to Print-on-Demand technologies.

Buy your books online at
www.morebooks.shop

Compre os seus livros mais rápido e diretamente na internet, em uma das livrarias on-line com o maior crescimento no mundo! Produção que protege o meio ambiente através das tecnologias de impressão sob demanda.

Compre os seus livros on-line em
www.morebooks.shop

info@omniscriptum.com
www.omniscriptum.com

Printed by Books on Demand GmbH, Norderstedt / Germany